ORAISON FUNÈBRE

DE

M. L'ABBÉ MENANT

CURÉ-ARCHIPRÊTRE DE MORTAIN

PRONONCÉE DANS LA COLLÉGIALE DE CETTE VILLE

LE 16 SEPTEMBRE DERNIER

SUIVIE DE

PLUSIEURS DOCUMENTS
ET NOTES BIOGRAPHIQUES

PAR

UN ANCIEN VICAIRE DE MORTAIN

MORTAIN
IMPRIMERIE A. LEROY, GRANDE-RUE, PRÈS L'ÉGLISE
1887

ÉLOGE FUNÈBRE

DE

M. L'ABBÉ MENANT

Curé-Archiprêtre de Mortain

PRONONCÉ PAR

MONSEIGNEUR GERMAIN

Evêque de Coutances

LE 16 SEPTEMBRE DERNIER

Dans l'Eglise collégiale de Mortain.

Justum deduxit Dominis per vias restas et ostendit illi regnum Dei et dedit illi scientiam sanctorum. Honestavit illum in laboribus est complevit labores illius.

Le Seigneur a conduit le juste par les voies de la droiture, il lui a montré son royaume, il lui a donné la science des saints, il l'a honoré dans ses travaux et il a donné à ses travaux leur complément.

SAGESSE X.

N. T. C. F.,

Quel étrange et douloureux contraste ! Il y a quatre ans, c'était au sein de votre cité un enthousiasme universel. Tous prenaient part à la solennité des noces d'or du vénéré pasteur. Les guirlandes se multipliaient sous les doigts d'ouvrières industrieuses. Les riches et les pauvres, les dames du cloître et les dames de la société rivalisaient de dévouement pour offrir au père bien aimé les dons de la piété filiale, le témoignage de la reconnaissance et de la vénération. Votre collégiale offrait un magnifique spectacle. Les murs disparaissaient sous les inscriptions qui célébraient le prêtre selon le cœur de Dieu et racontaient ses œuvres. L'autel était caché sous les fleurs qu'avaient gracieusement offertes les jardiniers de Mortain. Un clergé nombreux formait la couronne du digne et pieux Archiprêtre. Notre voix s'élevait pour adresser au héros de la fête nos félicitations et nos vœux; l'épouse, en un mot, renouvelait ses fiançailles avec son pasteur chargé d'années, mais toujours alerte et plein de vigueur. C'était partout sur les visages et dans les cœurs, le transport de la joie et de l'allégresse.

Et aujourd'hui ! un voile de deuil enveloppe la cité. Les visages, naguère si riants, sont empreints d'une morne tristesse. Les cloches font retentir leur voix plaintive et pleine de larmes. Les cœurs sont dans l'angoisse. La vieille basilique a revêtu les insignes du veuvage. Au lieu de l'allégresse, c'est la douleur ; au lieu de la vie, c'est la mort. Regardez ce cercueil !

Et voilà qu'il me faut reprendre la parole non plus pour chanter, mais pour pleurer ! Que dire ? Oui, pleurez, habitants de cette belle et religieuse paroisse, pleurez, car il n'est plus, le juste que Dieu conduisait par les voies de la droiture : *Justum deduxit Dominus per vias rectas ;* le juste auquel il montrait son royaume : *Et ostendit illi regnum Dei ;* le juste auquel il donnait la science des saints : *Et dedit illi scientiam sanctorum ;* le juste dont il daignait honorer les travaux : *Honestavit illum in laboribus ;* le juste enfin aux travaux duquel il a donné le complément : *Et complevit labores illius.* Le développement de ce texte servira d'éloge funèbre à vénérable et discrète personne Messire Aimable-Désiré Menant, chanoine-honoraire de l'Eglise cathédrale de Coutances, curé-archiprêtre de Mortain. Dans ce texte, en effet, nous avons en résumé l'histoire du si regretté défunt : l'histoire de sa jeunesse, l'histoire de son ministère, l'histoire de ses souffrances et de sa mort.

Mais avant tout, laissez-nous vous le dire. Quel que soit notre désir d'élever notre parole à la hauteur du sujet, nous nous déclarons impuissant à lui rendre un hommage aussi éclatant, aussi solennel que le triomphe incomparable que tous, prêtres et fidèles, vous lui décernez en ce jour de ses obsèques.

I.

Dieu qui voulait faire de votre futur pasteur un *juste,* plaça son berceau dans une de ces paroisses où, grâce à Dieu, malgré nos jours mauvais, règne encore la foi traditionnelle, avec l'inviolable attachement au devoir. Près de ce berceau, la Providence établit une de ces femmes fortes dont parle l'Ecriture, femme au sens droit, à la foi vive, à la piété sincère et ardente. Son fils, à l'extrémité de sa carrière, ne se rappelait pas, sans une proprofonde émotion, cette grande chrétienne à laquelle il devait le jour. Je le vois encore, je l'entends encore, au jour de ses noces d'or, s'écriant ici même, devant cette grille : « Je remercie l'auteur de tout don parfait des grâces sans nombre que j'ai reçues dans ma vie : grâce du baptême, grâce d'une éducation pieuse dans une famille chrétienne, surtout par les soins d'une mère vénérée. » Dieu préparait les voies de l'enfant ; il l'introduisait dans le chemin de la lumière et de la vérité, dans le chemin de la droiture et du devoir. Entendez votre pasteur qui continue : « Grâce d'une protection spéciale dans les divers degrés de l'éducation. » C'est qu'en effet, Dieu le conduisait par la main. Il le formait à la justice et le dirigeait dans la droiture. Jeune homme juste et droit, c'est ainsi qu'il nous apparaît dans ses études : esprit droit, discernant aisément la vérité de l'erreur et du mensonge ; volonté droite s'attachant toujours au devoir et dédaignant le plaisir ; cœur droit, qu'habitaient avec la bonté, la délicatesse, la générosité, la pureté, toutes les vertus qui font les grands cœurs; âme sincèrement honnête qui commandait le respect par la loyauté, par une dignité naturelle et vraiment chrétienne.

Après ces jours de la première éducation, après une jeunesse intègre, Dieu l'estima digne de lui montrer son royaume. *Et ostendit illi regnum Dei.* Ce royaume de Dieu, disent les Saints-Pères, c'est l'Eglise. Ne pourrons-nous pas ajouter à bon droit que ce royaume, c'est le séminaire; le séminaire où se forment les prêtres, les ministres de l'Eglise appelés un jour à gouverner les âmes ?

Evidemment, N. T. C. F., une telle adolescence présageait plus qu'un avenir humain, plus qu'une destinée vulgaire, elle présageait un avenir surnaturel et divin. C'est là, c'est au séminaire que le jeune lévite contemple Dieu de plus près; c'est là qu'il se donne au travail avec le calme, la sagesse, la réflexion de sa nature si pondérée, si tenace et aussi avec la vivacité, l'ardeur de sa foi ; c'est là qu'il se forme et devient l'homme que vous avez connu, l'homme des convictions et des principes. N'ayez pas peur, N. T. C. F., le dépôt sacré confié au jeune Menant sera gardé fidèlement. Jamais ni dans son esprit, ni sur ses lèvres, la lumière de la vérité ne vacillera; jamais entre ses mains les principes ne fléchiront. Jamais vous ne le verrez se prêter aux compromis inadmissibles et funestes, aux concessions qui seraient des faiblesses, aux atténuations de doctrine qui seraient une lâcheté et une trahison. Conciliant et pacifique sur tout autre terrain, il demeure inflexible, immuable dans la défense de la vérité. C'est là, c'est au séminaire qu'il apparaît grave, sérieux, méditatif, infatigable au travail, mais bon, mais tendre sous de froides apparences, mais dévoué : dévoué à sa mère, à l'Eglise, aux âmes, à notre cher diocèse de Coutances. C'est là qu'il apparaît, ouvrier vraiment *irréprochable*, prudent, de cette prudence qui partout sur son passage lui attirera la confiance et l'estime ; *orné*, c'est-à-dire pour parler avec saint Jérôme, gardant la distinction dans les mouvements, dans la démarche, dans le maintien, dans la parole. Le voilà bien, dès cet âge, votre regretté pasteur, avec son visage à la douce et sereine majesté, à la bienveillance vraiment sacerdotale ; avec l'attrait et le charme de son sourire, avec son regard aimable et pénétrant, avec la modération, l'aménité, la douce gaieté de sa conversation ; avec la culture de son intelligence, la solidité de son jugement ; avec sa modestie, son amour de la paix, sa répulsion pour tout ce qui divise, ses saintes prédilections pour ce qui unit, avec cet esprit d'ordre enfin qui présida toujours à son administration.

Lévite privilégié, n'attends pas l'âge requis par les saints Canons, lève-toi, gravis les degrés de la montagne sainte; l'heure est venue pour toi de recevoir l'onction des prêtres. Le Seigneur ne t'a pas seulement montré son royaume, il veut t'y faire entrer lui-même; *Et ostendit illi regnum Dei.*

II.

Mais à quel ministère ce jeune prêtre est-il réservé? L'abbé Menant débutera par où, le plus souvent, les autres finissent, il occupera du premier coup une chaire au grand-séminaire de Coutances.

Ne vous en étonnez pas, N. T. C. F. : *Dedit illi Dominus scientiam*. Dieu lui a donné la science. Quelle science ? La science de la poésie ? Non. Son esprit est trop grave, il n'a pas reçu des ailes, il a reçu, tout au contraire, la réflexion, la pénétration, pour méditer et pour creuser.

La science de la diplomatie ? Non. Il n'entend rien aux habiletés humaines. Il est la justice et la droiture.

La science de l'histoire? Oui, sans doute, il la possède, mais il est plus fait pour étudier les secrets de Dieu, pour scruter les profondeurs du dogme et de la morale que pour suivre les évènements d'ici-bas.

La science du droit ? Oui, mais de ce droit supérieur qui dicte les lois du Seigneur et qui prescrit leur application ; sa science, en effet, c'est la science de Dieu, c'est la théologie.

Qu'est-ce donc, N. T. C. F., que la théologie? Un grand orateur me répond : « La théologie n'est ni la science, ni la raison, ni la foi, elle est toutes les trois dans un accord sublime; elle est le sommet conciliateur de notre esprit, le repos de l'âme se possédant tout entière et n'ayant plus qu'une ombre à franchir pour voir Dieu. »

Comme voilà bien le don de votre vénéré défunt! La théologie, c'est la science : il possède pour l'acquérir de merveilleuses aptitudes. La théologie, c'est la raison : la raison est chez lui la faculté maîtresse. La théologie, c'est la foi : il est le juste qui s'en nourrit et en fait sa vie. Aussi comme il monte facilement au sommet conciliateur de l'esprit, à ces hauteurs d'où il embrasse, dans une magnifique harmonie, Dieu et l'homme, la terre et le ciel, le temps et l'éternité ! Comme son âme, qui se possède tout entière, jouit du meilleur des repos ! Entre Dieu et lui, quelles affinités ! Il n'est séparé de la Majesté Suprême que par un voile en quelque sorte transparent. La théologie, c'est l'aliment de sa vie tout entière et comme son pain quotidien. Aussi jusque sous ses cheveux blancs, il s'applique à cette science qui fait la vigueur de son esprit, la trempe de son caractère, la joie, l'amour et la vie de son cœur.

Paroissiens de Mortain, vous vous êtes demandé plus d'une fois pourquoi votre bon pasteur ne donnait aux relations du monde que le temps strictement nécessaire, et pourquoi, si souvent, il se complaisait dans le silence de sa chambre et le commerce de ses livres. N'en soyez pas surpris. L'œil du théologien découvre ce que le vulgaire n'aperçoit pas ; son oreille entend des harmonies que le vulgaire n'entend pas ; son cœur goûte des délices que le vulgaire ne connaît pas ; son corps est sur la terre, mais son âme est au ciel, elle converse avec Dieu.

Bientôt le jeune professeur devient un maître dans l'art qu'il enseigne. Il y acquiert une renommée légitime s'il en fut. Qu'ils se lèvent plutôt et qu'ils parlent à ma place, tous ceux qui furent ses disciples. Qu'ils redisent la netteté, la précision de son enseignement, sa sûreté, son étendue et sa profondeur ; qu'ils redisent l'autorité de M. Menant et les succès qu'il a obtenus. A partir de ce moment, le jeune prêtre devient l'oracle de ses frères dans le sacerdoce. Désormais à l'Abbaye-Blanche, à Pontorson, à Mortain, partout où il passe, on rend hommage à son mérite ; on vient puiser à cette source pure et limpide, réclamer des conseils distribués avec une bonté inépuisable et suivis avec une parfaite sécurité.

On l'a dit avec raison : les théologiens

sont dans l'ordre de la vérité, ce que les saints sont dans l'ordre des mœurs. Ils sont destinés à établir la suprématie de raison qui est dans la doctrine catholique, comme les saints sont destinés à en manifester la suprématie morale. M. Menant eut à la fois la destinée du théologien et la destinée du saint. Pour lui, la théologie ne fut pas uniquement spéculative, il ne sépara jamais les principes de la pratique. Sa science, N. T. C. F., c'est la science des saints. *Dedit illi scientiam sanctorum.* Arrêtons-nous un instant pour contempler et admirer cette grave et douce figure de prêtre, cette physionomie qui attire, qui édifie, qui porte à la sainteté. Dans le pasteur que nous pleurons, quel amour pour Dieu, quelle fidélité jusqu'à son dernier soupir à ce règlement du séminariste, le plus ferme rempart de la vertu du prêtre! Quelle ferveur dans l'oraison! Quelle ferveur dans le bréviaire que ses lèvres mourantes récitaient quelques heures encore avant le moment suprême! Quelle ferveur dans la visite au St-Sacrement! Comme en l'apercevant à l'église, au presbytère, dans les rues de la paroisse, on sent la présence de Dieu vivant dans son ministre! — Par rapport au prochain, quel respect filial pour ses supérieurs! quelle bienveillance, quelle amabilité pour ses égaux; quelle condescendance pour ses inférieurs, quelle charité pour tous ! — Par rapport à lui-même, quelle humilité, quelle abnégation, quelle simplicité, quelle austérité de vie, quelle angélique pureté !

Il vous en souvient, N. T. C. F., au jour de ses noces d'or, nous disions à votre vénéré pasteur : « Buvez, ô mon fils, les eaux de votre citerne, c'est-à-dire les eaux de cette théologie que vous avez tant étudiée, les eaux de la grâce et de la vertu que vous avez si fidèlement pratiquée : *Bibe, fili, aquam de cisternà tua, et fluenta putei tui.* Votre réservoir est plus que plein, donnez sans vous appauvrir de la plénitude, de la surabondance de votre vie surnaturelle : *Fontes tui deriventur foràs, et inplateis tuis aquas divide.* Ces paroles, nous les reprenons aujourd'hui pour vous les adresser à vous-mêmes. Paroissiens de Mortain, imitez votre pasteur. Sous l'impulsion, toujours vivante jusque dans la mort, de ses leçons et de ses exemples, imitez sa fidélité à Dieu, son amour pour l'Eglise; et la religion, en butte à tant d'assauts, se maintiendra parmi vous. Imitez sa charité; et la fraternité qui n'est trop souvent qu'un mot vide de sens, restera parmi vous une réalité sublime, et les discordes et les haines s'évanouiront au sein de notre malheureux pays. Imitez son humilité ; et ces orgueils qui se choquent, et ces ambitions qui se heurtent, ne vous menaceront plus de ruines irrémédiables; le mépris, cet affreux dissolvant, disparaîtra du milieu d'un peuple qui ne connaît plus ce frein nécessaire du respect. Imitez sa pureté ; et l'immoralité cessera de vous dévorer comme un chancre.

Prenons-y garde, N. T. C. F., il n'y va pas seulement de l'honneur et du salut individuel, il y va de l'honneur de la famille, de la sécurité, de la vie même du pays. « Quand Scipion était chaste, dit Lacordaire, Rome détruisait Carthage; quand Rome fut corrompue, César y régna. »

III.

L'heure était venue, N. T. C. F., où M. Menant allait être appelé à un nouveau poste. Le mérite du jeune professeur avait frappé son Evêque, qui n'hésite pas à l'envoyer, comme supérieur, dans votre grand et précieux établissement de l'Abbaye-Blanche. En quoi consiste la mission d'un supérieur de petit-séminaire ? Un concile de Rouen, tenu au XVIe siècle, va nous l'apprendre : « *Seminariorum fundatio*, dit-il, *eò tendit ut clerici ad pietatem religionem, ecclesiasticam disciplinam, bonos mores et litteras erudiantur,* la fondation des séminaires a pour but d'initier les jeunes clercs à la piété, à la religion, à la discipline ecclésiastique, aux bonnes mœurs et aux belles-lettres. » Quelle mission que celle-là, N. T. C. F. ! Faire naître et développer dans les jeunes âmes cette piété qui a les promesses de la vie présente et de la vie future; orner les esprits par la culture des belles-lettres; dompter les volontés parfois si rebelles par la discipline ecclésiastique; préparer des cœurs purs, les mettre à l'abri de la souillure par les bonnes mœurs; subir toutes les douleurs de l'enfantement, comme dit Saint-Paul, pour former Jésus-Christ dans ses ministres de demain. Nul, mieux que M. Menant, n'était homme à suffire à cette tâche et à la remplir avec succès. Il me semble le voir, il me semble l'entendre au milieu de cette jeunesse qu'il aime et dont il est aimé. *Obaudite me divini fructus*, leur dit-il, écoutez-moi, rejetons divins. Un tel maître, en effet, avait le droit de se faire écouter. — *Quasi rosa plantata super rivos aquarum fructificate*, portez des fruits, exhalez vos parfums, comme la rose plantée sur le bord des eaux. Il était bien en effet le fleuve au cours paisible, majestueux et fécond qui porte partout sur son passage la richesse et l'abondance. —*Quasi Libanus odorem suavitatis habete*, comme le Liban, répandez partout une odeur de suavité. N'était-il pas lui-même, par nature, la modération, la douceur, la patience, la longanimité ? *Forete flores quasi lilium*, comme le lys, épanouissez-vous. Il avait le droit de parler ce langage, lui dont la vie était limpide comme l'eau du rocher, transparente comme le cristal, éclatante de la blancheur même du lys. — *Frondete in gratiam,* étendez vos rameaux de grâce afin d'attirer un jour les âmes à vous et de leur prodiguer vos trésors. N'est-ce pas le ministère que pendant 10 ans à Coutances, pendant 10 ans à l'Abbaye-Blanche, pendant 17 ans à Pontorson, pendant 18 ans à Mortain, il n'a cessé de remplir avec la vigilance du zèle et la tendresse de la charité sacerdotale ?

Il me semble voir la jeune assemblée attentive à cette voix si autorisée, si paternelle, et lui répondant par cette parole du psalmiste : *Bonitatem et disciplinam et scientiam doce me,* père, ouvrez-nous les trésors de bonté dont votre cœur est si riche. Maître, enseignez-nous la discipline dont vous êtes le si fidèle observateur. Apprenez-nous la science dont vous possédez si bien les secrets.

Comme une telle culture devait produire une précieuse moisson ! Comme la génération sacerdotale instruite à une telle école devait répandre partout à travers ce diocèse la bonne odeur de Jésus-Christ ! Gardez-nous, ô mon Dieu, gardez-nous longtemps, gardez-nous toujours de tels maîtres; gardez-nous ces maisons qui sont notre orgueil, notre consolation, notre force et notre espérance. Tant que nous pourrons nous appuyer sur des maîtres si intelligents et si dévoués, sur des disciples si bien formés à la science et à la vertu ; quels que soient les périls qui nous menacent, les épreuves qui nous attendent, nous les envisagerons sans crainte et avec la confiance que la foi ne périra pas parmi nous. Voilà pourquoi nous avons à cœur, en face de ce cercueil, de payer au regretté supérieur le tribut de notre reconnaissance et de lui dire, en notre nom, au nom du diocèse entier : « Il a plu à Dieu de bénir et d'honorer vos travaux à Coutances et à l'Abbaye-Blanche. *Honestavit illum in laboribus*, gloire à vous !

L'enceinte du séminaire était devenue trop petite pour cette lampe à la fois si brillante et si ardente. Elle allait projeter son éclat dans une sphère plus étendue. M. Menant est, en effet, nommé successivement curé-doyen de Pontorson, puis plus tard curé-archiprêtre de Mortain. Ses travaux dans l'une et l'autre cité furent identiques et lui valurent, dans ces deux paroisses, l'estime, la confiance et l'honneur : *Honestavit illum in laboribus.*

Toutes les œuvres du prêtre, N. T. C. F., convergent vers un même centre qui n'est autre que Notre Seigneur Jésus-Christ. Oui, le prêtre cherche et voit Jésus-Christ partout. Il voit Jésus-Christ dans les âmes, Jésus-Christ dans l'Eglise, Jésus-Christ dans le pauvre, Jésus-Christ dans l'enfant.

Et d'abord, Jésus Christ dans les âmes. Ce

qui fait le prêtre avant tout, c'est l'oblation du saint-sacrifice : *Sacerdotem oportet offerre.* Le saint-sacrifice ! En comprenez-vous l'importance, vous qui parfois vous montrez si indifférents, si oublieux, si dédaigneux peut-être? Et pourtant, comme dit un Saint-Père : c'est lui qui soutient le monde chancelant ; sans lui le monde s'écroulerait et descendrait aux abîmes. L'autel, c'est le Calvaire, et comme autrefois le sacrifice du Calvaire a sauvé le monde, le sacrifice de l'autel le sauve tous les jours. Votre pasteur l'avait compris, N. T. C. F. Vous souvenez-vous de sa régularité à célébrer chaque dimanche le sacrifice qu'il offrait pour son troupeau ? Vous souvenez-vous de sa dignité grave et recueillie, de son attitude majestueuse et qui rappelait si bien le Dieu qu'il représentait ? Vous souvenez-vous enfin de sa ferveur profonde ? Il était là, N. T. C. F., adorant pour vous, remerciant pour vous, demandant pardon pour vous, implorant pour vous les grâces nécessaires ; il fut là chaque jour jusqu'à l'heure de la séparation. — Au sacrifice, le prêtre doit ajouter la prédication : *Sacerdotem oportet predicare.* Certes, si quelqu'un devait être préparé à ce grand ministère de la parole, c'était bien ce prêtre nourri pendant de longues années d'une doctrine si solide et si étendue. Pourtant, comme il avait soin de ne rien laisser au hasard de l'improvisation ! Comme il était assidu chaque dimanche à cette messe de neuf heures à nourrir les hommes en particulier du pain de la parole divine ! Comme cette parole sur ses lèvres était claire, instructive, convaincante, comme elle traçait nettement le devoir !

Que les délicats ne viennent pas ici objecter que M. Menant n'était point orateur. Je vous répondrais avec Sénèque : « Un malade ne cherche pas le médecin éloquent, mais le médecin qui guérit » : *Non quœrit œger medicum eloquentem sed saneantem*· Il s'agit bien, en effet, pour un médecin de plaire et de charmer ! *Quid oblectas?* Non, non, il faut brûler, trancher, remédier au mal : *Urendus, secandus sum.* Voilà sa mission et son devoir : *Ad hæc adhibitus es.* Ainsi en est-il du médecin des âmes. Ce qu'il faut au curé, ce n'est pas, comme on l'a dit si justement, une parole de luxe et d'apparat, une parole qui enivre et ne nourrit pas, mais une parole simple et substantielle, une parole qui entretienne la santé dans les âmes. Et voilà bien la parole qui ne fit jamais défaut à l'Archiprêtre de Mortain, la parole que, malgré ses forces défaillantes, il adressait encore à la dernière réunion des mères chrétiennes, il y a peu de jours.

Après le sacrifice et la prédication, il y a pour le pasteur l'administration des sacrements : *Sacerdotem oportet baptizare,* il y a le confessionnal en particulier. Le confessionnal, N. T. C. F., comme il est parfois injustement apprécié ! De quel mépris souvent n'est-il pas l'objet ? Si ma parole vous était suspecte, instruisez-vous à l'école d'un protestant, Fitz-William, dans ses lettres à Atticus : « Il est impossible, dit-il, d'établir la justice, la morale, la vertu, sur une base solide, sans le tribunal de la pénitence ; parce que ce tribunal, le plus redoutable des tribunaux, s'empare de la conscience des hommes et les dirige plus sûrement, plus efficacement qu'aucun autre tribunal. » M. Menant l'avait compris. Que de longues heures, en effet, il consacrait au ministère de la confession ! Mais aussi, que de bien il y opéra par sa direction si prudente et si sage ! Que d'aveuglements il y éclaira ! Que de défaillances il y fortifia ! Que de perplexités dissipées par ses conseils ! Que de larmes séchées ! Que de douleurs guéries par l'onction de sa parole si affectueuse et si paternelle ! Que de consciences abattues restituées à la force, à l'espérance et à l'amour. Le confessionnal ! Samedi dernier, trois jours avant sa mort, alors qu'il était épuisé par la souffrance et que la maladie opérait en lui de si cruels ravages, votre pasteur y passait encore deux heures entières ! — Saint prêtre, il a plu à Dieu d'honorer vos travaux, votre dévouement aux âmes: *Honestavit illum in laboribus.* Gloire à vous !

Le curé de Mortain ne voyait pas seulement J.-C. dans les âmes, il le voyait dans le temple saint qui est sa demeure. — Savez-vous bien, N. T. C. F., ce qu'est le temple, ce qu'est l'église pour le curé ? C'est avant tout sans doute la maison de Dieu, c'est aussi sa maison à lui, c'est le tabernacle aimé où s'écoule la plus grande partie de ses jours, c'est l'épouse dont l'honneur et la garde lui sont confiés. Aussi, comme à l'exemple du divin Maître, il aime son église, comme il la veut radieuse de beauté, resplendissante de gloire ! Et voilà bien la passion de celui que la mort vient de nous ravir. Quand il reçut cette Collégiale pour épouse, il la trouva belle, sans doute, de cette beauté que vos pères lui avaient faite, que les siècles avaient consacrée. Mais que de choses à faire encore ! M. Menant ne recule pas devant l'entreprise. Il donne à votre église le vêtement. C'est par lui, c'est par son zèle qu'elle s'est enrichie de ces ornements qui répondent à la majesté de l'édifice. Il lui a donné, pour le jour des grandes solennités, la voix harmonieuse de ces orgues restaurées par sa sollicitude et dont les sublimes accents arrachent les âmes à elles-mêmes pour les élever, pour les ravir au Ciel. La chapelle de la Vierge Marie, qu'il aimaït tant, appelait son attention : il la pare de cet éclat, de cette magnificence dont elle brille aujourd'hui. Les gloires du passé lui étaient chères : il dote votre église d'un autel dédié à St Guillaume Firmat ; il la dote surtout de cet autel du Sacré-Cœur qui doit être pour vous, dans sa pensée, la source toujours jaillissante où viendront se rafraîchir les cœurs desséchés, se retremper les âmes qui souffrent. — Saint prêtre, il a plu à Dieu d'honorer les travaux accomplis par vous dans le temple qu'il habite : *Honestavit illum in laboribus.* Gloire à votre zèle !

Il est, N. T. C. F., un autre sanctuaire que le bon pasteur ne pouvait laisser dans le dénuement ; ce sanctuaire, c'est le pauvre. Heureux, dit le psalmiste, celui qui possède l'intelligence du pauvre et de l'indigent ! Ce fut le bonheur de votre charitable Archiprêtre, dont le cœur et la main donnaient sans compter. Pauvres nombreux qu'il a si largement secourus, ouvriers dont il fut l'appui, vous surtout que ses yeux clairvoyants savaient découvrir au milieu des ombres dont vous cherchiez à envelopper votre détresse, pauvres cachés dont il fut la Providence ici-bas, que ne pouvez-vous élever la voix et parler à ma place ! — Le souci des pauvres l'a poursuivi jusqu'aux portes même du tombeau. Les pauvres de l'hospice, au jour de leurs obsèques, étaient privés du bienfait de la sainte Messe. Le dévoué pasteur gémissait de cette privation. Vivant, il ne manquait pas d'y suppléer lui-même et de célébrer l'auguste sacrifice à l'intention de ces âmes délaissées. Mort, il continuera cette pieuse délicatesse : il établit par son testament une fondation, grâce à laquelle le sang de J.-C. coulera dans l'avenir, comme par le passé, en faveur de ces pauvres déshérités. — Saint prêtre, il a plu à Dieu d'honorer vos travaux, vos libéralités envers l'indigence. Gloire à vous, gloire à votre charité !

Reste la portion du troupeau chère entre toutes au cœur du divin Maître, l'enfance, avec sa simplicité, sa candeur, avec ses merveilleuses dispositions pour le bien, mais aussi avec ses terribles dispositions pour le mal ; l'enfance, qui peut croître pour le salut ou pour la ruine de la famille et du pays. Vous savez ce qui s'est passé. Quand le bon pasteur voit cet âge menacé d'une éducation sans Dieu, son cœur s'émeut, son âme s'alarme. Au premier signal du danger, il nous écrit une lettre pleine d'angoisse, en même temps qu'il réclame de vous un concours que vous lui avez généreusement prêté. Votre école libre s'élève rapidement, et après un spectacle dont nous gardons fidèlement le souvenir, le spectacle que vous avez donné, Mesdames, et qui a mérité les applaudissements de la terre et du ciel, votre école libre ouvrit ses portes aux enfants de la cité. Dieu me garde ici de toute parole amère, de toute allusion pénible. A coup sûr, nous ne voulons blesser personne. Mais si nous devons respecter la charité, nous devons en même temps rendre hommage à la vérité. Pourquoi ces sollicitudes et le dévouement de votre pasteur? Ah! c'est qu'il savait ce qu'est l'éducation avec Dieu, ce qu'est par conséquent une école libre. A ses yeux, l'école libre, c'est d'abord le moyen de garder intact ce privilège qu'on célèbre si haut aujourd'hui et qui devrait appartenir à tous, la *liberté!* L'école libre, c'est l'histoire sainte, c'est l'Evangile, c'est le catéchisme, c'est l'Eglise, c'est J.-C., c'est la religion, c'est Dieu maintenu dans l'esprit et dans le cœur de l'enfant. L'école libre, c'est pour cet enfant le salut, car l'éducation chrétienne lui met aux mains l'arme victorieuse qui triomphe du monde, la foi. Cherchez en dehors d'elle un levier assez puissant pour soulever l'homme au-dessus de lui-même, au-dessus de ses passions et de ses fureurs, vous ne le trouverez pas. — L'école libre, c'est pour la famille le salut. La famille vit de respect, d'obéissance, d'amour. Au nom de qui prêcherez-vous le respect à l'enfant, si vous supprimez Dieu? Au nom de qui lui imposerez-vous l'obéissance et l'amour? — L'école libre, c'est le salut pour la société. Pas de société possible sans autorité. Mais l'autorité, ce droit mystérieux de commander et d'être obéi, d'où vient-elle? De la science? de l'habileté? du génie? de la force brutale? Non, tout cela c'est de l'homme et l'homme ne possède pas en lui-même le droit de gouverner les autres hommes. L'autorité vient de Dieu seul. Donc, ne touchez pas à Dieu, sinon vous renversez l'autorité, vous démolissez l'édifice social. Comment! Votre jeunesse ne respecte pas Dieu et vous voulez qu'elle respecte les hommes! Votre jeunesse ne respecte pas votre père qui est aux Cieux et vous voulez qu'elle respecte ses parents de la terre; vous voulez qu'elle se respecte elle-même? Ah! laissez-nous vous le dire en toute vérité: toutes les insurrections qui, depuis un siècle, ont armé les uns contre les autres les fils d'une même patrie et mis à nu la pitoyable fragilité des pouvoirs humains, savez-vous d'où elles viennent? D'une insurrection première et fondamentale, l'insurrection contre Dieu. — Comprenez-vous maintenant le bienfait des écoles libres en face de l'éducation sans Dieu? Comprenez-vous ce que vous devez à la religieuse et patriotique initiative du pasteur qui n'est plus? Votre école libre demeurera pour M. Menant un titre à votre reconnaissance et perpétuera son nom de génération en génération. — Saint prêtre, il a plu à Dieu d'honorer vos travaux, votre dévouement pour l'enfance, *Honestavit illum in laboribus*. Gloire à vous !

IV.

Ces travaux devaient bientôt, N. T. C. F., recevoir un complément digne d'eux : *Et complevit labores illius*. Ce complément, c'est la souffrance sans laquelle la vertu des saints ne serait pas achevée. La santé de votre pasteur, si robuste jusque-là, cette santé qui vous permettait l'espérance de le voir atteindre les années de sa vénérable mère, s'altère tout à coup. Un mal latent, qui depuis quelque temps opérait chez le digne Archiprêtre des ravages lents, mais irremédiables se déclare. En vain la science, éclairée par l'affection, s'applique-t-elle à conjurer des progrès trop rapides ; l'ennemi avance, il avance toujours et bientôt, hélas ! il n'est que trop facile de prévoir à bref délai sa victoire. Pendant ce temps, le malade souffre ; il souffre cruellement. Mais il souffre en prêtre : sur ses lèvres pas une plainte, pas un murmure, sur son visage pâle et amaigri, pas une trace de chagrin, pas une larme. Il se montre doux envers la souffrance et possède son âme dans une patience inaltérable. Que d'autres, faibles par constitution et accoutumés dès l'enfance à l'épreuve et à la douleur, les supportent avec la résignation qu'amène une longue habitude, je le conçois. Mais qu'un homme doué d'une exceptionnelle vigueur, qu'un homme dont la santé florissante s'est fortifiée pendant toute une vie par l'activité d'un incessant labeur ; que cet homme se voie tout d'un coup arrêté dans sa marche ; qu'il voie son corps démoli pièce par pièce, livré à d'indicibles tortures, et qu'il subisse ce martyre sans donner le moindre signe d'impatience, avec l'énergie d'une âme maîtresse absolue du corps qu'elle anime ; c'est là, N. T. C. F., que j'aperçois la main de Dieu couronnant dignement les travaux de son ministère ; c'est là que je découvre le mystère de la foi et que j'admire sa divine puissance. — Mais, direz-vous peut-être, notre pasteur était si bon ! Il vivait sur la terre en faisant le bien. Comment s'expliquer que Dieu l'ait fait passer par ce creuset de la souffrance ? Nous vous l'avons dit déjà, N. T. C. F. Dieu voulait mettre à ses mérites le sceau, le cachet même de sa sainteté. Regardez dans l'histoire. Job n'était-il pas, lui aussi, l'homme juste et droit ? Et cependant par quelles effroyables tempêtes d'adversité n'a-t-il pas été assailli ? — Les prophètes, eux aussi, n'étaient-ils pas les hommes de Dieu, et cependant quels atroces supplices n'ont-ils pas dû subir ! — D'ailleurs, le juste par excellence, N. S. J. C., après avoir vécu dans l'obscurité, après avoir apporté la lumière au monde et opéré des miracles de puissance et de bonté, n'est-il pas devenu l'homme de douleurs, n'est-il pas mort sur la croix ? — Ses apôtres n'ont-ils pas marché sur ses traces ? Voyez saint Paul en particulier, de qui Tertullien disait : « Soulevez la couronne qui orne sa tête, sous cette couronne il y a un front meurtri, déchiré ». *Corona premit vulnera.* Les lauriers qu'il tient à la main sont glorieux sans doute, mais sous ces lauriers il y a du sang. — Ce couronnement de la souffrance tout cruel qu'il soit, n'en est pas moins une vraie faveur de Dieu. Ecoutez encore l'orateur déjà cité : « Qu'importe, dit-il, que le juste souffre en passant des douleurs qui ne lui sont pas dues, puisqu'il marche vers une éternité plus vaste que sa vertu ? Ou plutôt, il importe beaucoup qu'il souffre, beaucoup pour lui et beaucoup pour nous. Pour lui, la souffrance est une occasion de mérite, un moyen de s'élever vers Dieu par la sincérité du détachement et l'héroïsme de l'immolation. Pour nous, le spectacle de ses malheurs nous avertit éloquemment que la terre n'est pas notre lieu et qu'il faut chercher plus loin et plus haut la raison de notre vie, le repos de nos vicissitudes et la récompense de nos devoirs accomplis. »

Non, ne nous scandalisons pas, N. T. C. F., de ce mystère de la souffrance, mais bien plutôt imitons, sous ses étreintes les plus douloureuses, le calme, la résignation, la douceur de celui qui prêcha plus encore par l'exemple que par la parole. L'heure de la délivrance allait sonner pour lui. Mardi dernier, au milieu de la nuit, l'oppression se déclare plus violente, la suffocation gagne. Il sonne. Ses vicaires accourent avec l'empressement de la piété filiale ; son confesseur est appelé ; la mort est là qui va saisir sa proie. Le malade est souriant. Il demande lui-même les derniers sacrements, les reçoit avec la ferveur la plus vive, et après la dernière onction, sa belle âme s'envole dans le sein du Dieu qu'il avait si dignement servi. — Saint prêtre, Dieu a mis la dernière main à vos travaux et à votre sanctification : *Et complevit labores illus.* Paix à vous, paix à votre âme, paix pour l'éternité !

C'est votre pasteur, N. T. C. F., c'est bien lui qui peut redire avec le grand apôtre : *Bonum certamen certavi,* j'ai combattu vaillamment le bon combat, j'ai vécu sans cesse les armes à la main, j'ai porté constamment et avec courage le poids de la chaleur et du jour. *Fidem servavi,* j'ai gardé fidèlement la foi : la foi qui fut l'âme de ma vie tout entière, qui m'a soutenu dans toutes mes œuvres, qui m'a fortifié dans la maladie et qui ne m'a pas abandonné dans la mort. *Cursum consummavi,* j'ai parcouru ma carrière : carrière longue, carrière laborieuse, carrière sanctifiée de mon mieux par le dévoir. *In reliquo reposita est mihi corona justitiæ quam reddet mihi justus judex,* pour le reste, je m'en remets à l'équité du juste juge et j'attends de lui la couronne avec une inébranlable confiance.

Pour nous, Evêque et prêtres, que vous laissez ici-bas, ô regretté pasteur, exposés à tant d'assauts, envahis par tant d'alarmes, menacés par des périls plus redoutables encore que les maux du présent, laissez-nous votre esprit de foi, votre amour du travail, toutes les vertus qui ont embelli votre vie sacerdotale. Nouvel Elie, couvrez-nous de votre manteau. Couvrez-en l'Evêque pour lequel vous fûtes un si précieux auxiliaire; couvrez-en les Elisées qui furent vos disciples à Coutances et à l'Abbaye-Blanche; couvrez-en le clergé de ce diocèse, couvrez-en cette chère paroisse de Mortain que vous avez tant aimée et qui, dans cette funèbre cérémonie, répond si bien à votre amour.

Et maintenant, N. T. C. F., avant que la dépouille mortelle de votre pasteur descende dans la tombe, en face de ce cercueil, engagez-vous à marcher sur ses traces. Gardez au plus intime de vos cœurs sa mémoire vénérée; mais ne l'oubliez pas, ce qu'elle réclame de vous, ce ne sont pas de vaines larmes, des regrets stériles et impuissants. Non, non, ce sont des œuvres. Puisse donc l'encens de vos vertus monter continuellement vers le ciel avec l'encens de vos prières pour celui qui n'est plus. Dieu pourrait-il rester sourd à de pareils accents, les accents de la piété filiale, les sons vivants de la foi chrétienne animée par les œuvres ? Oui, tous, enfants de cette paroisse, implorez avec ferveur pour votre bien aimé défunt, le rafraîchissement, la lumière et la paix. En obtenant pour lui ces faveurs inestimables, vous mériterez vous-mêmes de les obtenir un jour. Et cette heure cruelle de la séparation sera puissamment adoucie par l'espérance de le retrouver bientôt au sein de cette patrie où, pasteurs et fidèles, seront réunis pour ne plus se quitter.

Amen.

DOCUMENTS

ET

NOTES BIOGRAPHIQUES

Nous eussions regardé comme une tentative audacieuse, d'entreprendre la biographie de M. Menant après le discours si éloquent et si plein que Monseigneur l'Evêque nous a autorisé à publier. Nous avons cru cependant pouvoir sans indiscrétion, ajouter à la suite quelques documents et quelques notes qui, dans notre pensée, ont pour but de faire connaître davantage l'éminent curé de Mortain.

Nous regrettons d'être borné par le temps et l'espace. Autrement, après avoir interrogé ceux qui l'ont autrefois connu et rememoré nos propres souvenirs, nous aurions pu donner beaucoup de notes édifiantes sur sa vie.

M. Menant ne parlait jamais de lui-même ni de ses œuvres. Jamais l'on n'apprenait par lui rien qui fût à sa louange. Il fallait le pénétrer et pour ainsi dire le deviner. Mais sa modestie avait beau faire; il était impossible de l'aborder sans surprendre en lui des trésors admirables de vertu et de science.

M. Menant a toujours eu par la dignité de son caractère et ses connaissances théologiques, une autorité exceptionnelle dans le diocèse. Ceux qui l'avaient connu se faisaient une fête de le revoir; ceux que leur âge ou leurs fonctions n'avaient pas mis en relations avec lui, cherchaient à l'approcher et à le connaître.

On raconte dans les anecdotes classiques, qu'un citoyen de Cadix, épris d'admiration pour Tite-Live, vint du fond de l'Espagne jusqu'à Rome, uniquement pour contempler les traits du grand historien. L'ayant vu, il s'en retourna sans vouloir regarder autre chose dans la ville éternelle. Quelque chose de semblable s'est reproduit pour M. Menant. Il n'est pas sans exemple que des ecclésiastiques aient fait un long voyage uniquement pour connaître, au moins de vue, ce prêtre éminent dont ils avaient entendu tant de merveilles.

L'on conçoit que nous ayons cherché à recueillir quelques-uns des faits relatifs à la vie de M. Menant. Ses admirateurs et ses amis nous tiendront compte de notre bonne volonté, et nous aurons rempli un devoir de reconnaissance et de profonde vénération envers le regretté défunt.

P. L. C.,

Ancien vicaire de Mortain.

I.

M. LE CURÉ DE MORTAIN.

En d'autres circonstances, nous n'eussions à aucun prix laissé descendre dans la tombe l'archiprêtre de Mortain, à qui nous étions tant obligé, sans faire effort pour tracer sa physionomie, à l'aide d'un pinceau mal habile sans doute, mais dirigé par l'affection. La splendide oraison funèbre que Monseigneur l'Evêque a daigné consacrer à sa mémoire non-seulement nous décourage, mais nous interdit absolument tout essai de ce genre. Le prélat a fait revivre et fixé en traits ineffaçables la figure si attrayante du pasteur que nous avons perdu. Grâce à une communication par trop bienveillante, nous avons été mis à même de publier textuellement le discours de l'infatigable Prélat et la ville de Mortain, comme le diocèse entier, savoureront à loisir l'hommage solennel qu'il a rendu à l'un des plus saints pasteurs, à l'un des modèles du clergé de Coutances.

Tout ce qu'il fallait dire dans cet éloge, malgré la brièveté de la préparation, a été dit avec une ampleur et une vérité incomparables. Visiblement, le Prélat a traité peu de sujets avec autant d'amour, avec autant de cette inspiration qui part du cœur. En l'écoutant, on sentait qu'il avait pour notre Archiprêtre une dilection et une estime toutes singulières, et qu'il le prisait à sa vraie valeur.

La carrière de M. Menant n'a point été marquée par les grands évènements qui donnent à la vie d'un homme l'éclat de la gloire mondaine. Elle s'est écoulée tout entière dans le calme de la vie sacerdotale. Elle s'est dépensée heure par heure à faire le bien, toujours le bien, le bien sans bruit ; mais le bien réel et profond qui laisse des traces ineffaçables. La vie surnaturelle coulait à pleins bords dans cette âme de prêtre, se répandait tout à l'entour de lui et engendrait des bonnes œuvres sans nombre.

M. Menant était un saint, c'est tout dire en un mot. Pour notre compte, nous avons connu beaucoup de prêtres qui dépassaient la sainteté commune. Mais nous n'en avons jamais rencontré sur qui l'esprit évangélique eût déteint d'une manière plus nette et plus constante. Nous ne le connaissions que par sa grande réputation : nous le rencontrâmes fortuitement il y a une vingtaine d'années. Il nous subjugua et nous emportâmes de cette rencontre une impression profonde. Mais, depuis dix-huit ans, nous avons eu la faveur inestimable de vivre dans son intimité, nous avons même passé dix de ces années dans le commerce journalier d'une hospitalité charmante. Eh bien, dans ce long contact, nous n'avons jamais pu discerner en lui quoi que ce soit qui ne fût inspiré par l'esprit chrétien : pas une parole de critique, pas une vivacité, pas un détour, pas ombre de ce qui échappe aux plus vertueux, de ce que l'on appelle faute vénielle.

Aussi la population de Mortain était-elle fière de son pasteur. Il avait conquis complètement son peuple. Il avait obtenu un succès extraordinaire ; non pas un succès de réclame, un succès d'étalage qui trompe l'œil, mais le succès d'estime qui est le seul vraiment précieux.

En diverses circonstances, sa paroisse a montré combien elle l'aimait. Il y a quatre ans, au jour de sa cinquantaine de prêtrise, elle lui fit une ovation dont, par humilité, il se jugeait indigne, mais dont il fut touché jusqu'au fond de l'âme. Ce fut magnifique de grandeur, d'abandon et de simplicité. Il faut l'avoir vu pour s'en faire une idée.

Vendredi, au jour de ses funérailles, ce fut une démonstration plus touchante encore. Mgr l'Evêque avait apporté à la solennité des noces d'or l'éclat de sa présence : il voulut être aussi à la fête funèbre. Plus de cent prêtres étaient accourus, et combien d'autres fussent venus si le temps et les communications l'avaient permis. La population, consternée et fondant en larmes, remplissait l'église et débordait jusqu'au dehors. Des tentures noires, semées de croix blanches et du chiffre du défunt, formaient pour la Collégiale une décoration riche et discrète.

M. l'abbé Legoux, vicaire général, chanta la messe et donna l'absoute. Puis le cortège, sous la présidence de Mgr l'Evêque, se rendit au cimetière, par la ville, la route de Ger et le chemin de Versailles. Sur le passage du convoi, toutes les maisons étaient fermées en signe de deuil. Le défilé du cortège dura un quart-d'heure tout entier dans la Grande-Rue, tant était nombreuse l'affluence des fidèles et du clergé.

L'archiprêtre défunt fut inhumé à peu de distance de la croix du cimetière, dans le lieu qu'il avait choisi lui-même, à côté de sa mère et de sa sœur, qui avaient pendant de si longues années partagé son existence dans son presbytère.

La mort de M. Menant est une perte immense. Elle fait un grand vide dans le clergé, un grand vide dans sa paroisse. Il sera longtemps pleuré ; mais pleuré comme on pleure les saints, avec l'espoir de les retrouver un jour dans le ciel.

P. L. C.

(Extrait du *Mortainais* du 24 septembre 1887.)

II.

Le service huitain qui fut célébré à Mortain à l'intention de M. Menant, rappela, par le concours de l'assistance, la magnifique démonstration des funérailles.

Nous avons appris également qu'un service solennel avait été célébré le même jour à Saint-Aubin-du-Perron, par les soins de M. l'abbé Legrand, curé de cette paroisse et cousin-germain de notre défunt Archiprêtre. Plusieurs fois M. Menant était allé officier à Saint-Aubin. Assez récemment encore, il y avait béni de belles cloches. Les paroissiens tinrent à honneur d'assister en foule à cette cérémonie funèbre, dont la présence d'un grand nombre de prêtres rehaussait l'éclat.

III.

MADAME MENANT.

Mardi dernier, le clergé du canton de Mortain et une grande affluence des habitants de notre cité s'associaient au deuil de notre digne archiprêtre et rendaient les derniers devoirs à sa vénérable mère. Chacun avait voulu assister à cette funèbre cérémonie ou s'y faire représenter pour donner une marque de sympathie au pasteur de la paroisse. M. le Curé a été très-touché de cette démonstration toute spontanée, et elle n'a pas peu contribué à adoucir ses regrets et sa profonde douleur. Elle a montré en outre que, malgré les efforts tentés pour désaffectionner les fidèles de leurs prêtres, dans nos religieuses contrées, du moins, le pacte entre les chefs du troupeau et les ouailles n'est pas près de se rompre : il s'affirme même par fois d'une manière solennelle.

Le concept de la paroisse catholique, c'est la famille agrandie ; le curé en est le chef et le père spirituel. Par inclination et par devoir, rien de ce qui intéresse ses ouailles ne lui est étranger : il participe à leurs joies, il prend surtout sa part de leurs douleurs. Aussi, par un affectueux échange, lorsqu'il éprouve lui-même une peine domestique, ceux qui l'aiment s'empressent de lui rendre ce qu'il a fait si souvent pour eux. Mais si son deuil a pour objet la femme privilégiée à qui Dieu a accordé l'incomparable bénédiction de donner par elle un prêtre à son Eglise, l'expression de la sympathie des fidèles devient alors plus accentuée et plus vive. Ceux qui profitent des bienfaits que répand le ministère du fils, aiment à donner une marque de gratitude pour la mère. Nous avions, mardi, ce touchant et consolant spectacle. Les vertus et le grand âge de la regrettée Mme Menant lui auraient quand même mérité des honneurs exceptionnels.

Mme Menant était née au Lorey le 22 août 1778. Elle était par conséquent entrée depuis deux mois dans sa centième année, lorsque le Seigneur l'a appelée à une vie meilleure. Tout faisait espérer qu'elle pourrait accomplir et même dépasser son siècle. Elle avait presque échappé à cette règle générale tracée par nos saints livres : « Les jours de l'homme occupent soixante-dix années ; les plus forts vont jusqu'à quatre-vingts ans, et au-delà il n'y a plus que douleur et affliction. » Mme Menant avait conservé une vigueur de corps et d'esprit étonnante pour son âge. Aucune infirmité ne l'avait atteinte, sauf, pendant la dernière année de sa vie, une grande difficulté de marcher. Elle n'avait point à redouter de secousse, et aucune joie ne lui manquait depuis que son fils, devenu doyen de Pontorson, avait été à même de lui offrir l'hospitalité de son presbytère. Sa fille, qui s'y retira avec elle, se fit à partir de ce moment l'esclave volontaire de la piété filiale, ne quittant plus sa mère ni le jour ni la nuit.

Issue d'une famille ancienne et patriarcale, Mme Menant était une femme remarquable par la grandeur du caractère, la rectitude du jugement et une exquisse délicatesse du cœur. Une simple, mais forte éducation chrétienne, avait encore perfectionné les qualités naturelles qui ne l'ont jamais quittée et que l'âge n'avait point affaiblies.

D'ordinaire, les vieillards, même les mieux doués, deviennent égoïstes et veulent concentrer sur eux toutes les attentions. Mme Menant ne songeait point à elle-même : elle se trouvait bien pourvu que les autres ne souffrissent pas. Elle était accueillante et expansive et prenait sur-le-champ part à toute peine dont elle entendait parler.

Son grand souci pendant son extrême vieillesse, était la prospérité de la religion. Lorsqu'elle apprit, en 1870, l'invasion étrangère et le changement de régime pour le pays, elle ne pensa pas à s'inquiéter pour elle-même. Elle réservait sa sollicitude pour son fils et pour les prêtres dont la tranquillité pouvait être menacée et le ministère entravé. « Ah ! Messieurs, nous disait-elle, j'ai vu dans ma jeunesse de bien mauvais temps ; j'ai grand peur pour vous qu'ils ne reviennent. On égorgeait les prêtres ; on traînait en prison ce qu'il y avait au monde de plus honnête. Alors, pour faire le bien, on se cachait comme ceux qui font le mal. » Nous essayions en vain de faire diversion à ses alarmes, en lui disant que les temps n'étaient pas les mêmes ; que cette sauvagerie ne pouvait pas reparaître ; qu'au besoin nous aurions une protection dans l'affection de nos paroissiens. Ses tristes préoccupations revenaient invinciblement.

Les horreurs de la Commune ne tardèrent point à lui donner raison. Elle vit arriver sous un déguisement l'un de ses parents, le R. P. Lemoigne, jésuite renommé de Paris, échappé comme par miracle pendant que l'on emprisonnait et fusillait ses confrères de la rue de Sèvres. Elle avait pu se convaincre, par sa longue expérience, que les mêmes erreurs engendrent les mêmes crimes et que le mal ne reculera jamais devant aucune violence pour supplanter ce qui est bien Et, à voir la guerre déclarée ouvertement à l'heure présente contre le catholicisme, qui sait si Dieu ne lui a point épargné de se trouver en face d'un nouveau 93, en achevant sa centième année ?

D'une droiture parfaite qui n'a jamais connu le moindre détour, Mme Menant disait ce qu'elle pensait. Mais si elle croyait avoir causé la moindre peine par une appréciation un peu vive, elle faisait aussitôt ses excuses et mettait cette boutade sur le compte de son âge et de l'affaiblissement de ses facultés.

Elle avait perdu sur la fin une grande partie de sa mémoire, surtout pour les choses actuelles ; elle se rappelait mieux le passé et les personnes qu'elle avait connues autrefois. Toutefois, sa mémoire n'avait guère faibli pour les choses de la religion : elle savait le mot-à-mot de son catéchisme, de longues prières et récitait encore par cœur les sept psaumes de la Pénitence. Sauf la dernière année de sa vie, elle assistait tous les jours à la messe et chaque dimanche à l'office public. Elle éprouva un grand chagrin, dont elle ne s'est pas consolée, lorsqu'elle se vit dans l'impuissance d'aller à l'église.

Une telle vie ne pouvait que bien finir : c'était une véritable préparation à la mort. Cependant, comme beaucoup d'âmes pieuses, madame Menant avait une crainte excessive de la mort et des jugements de Dieu. Par une grâce que Dieu accorde souvent en pareil cas, elle ne s'en inquiéta pas trop lorsque le moment fut venu. Le mercredi qui précéda sa mort, elle se trouva très-mal. « Cette fois-ci, c'est la mort, nous dit-elle ; je n'en échapperai pas. » Elle ne s'en tourmenta plus. Le mal s'étant aggravé, elle reçut avec une ferveur et une présence d'esprit admirables, l'extrême-onction et le saint viatique. Le dimanche, sans souffrance apparente, sans agonie, elle s'endormait littéralement du sommeil du juste.

Une pareille mort est le digne couronnement d'une sainte vie. Aussi en invitant, selon les prières de la liturgie catholique, les anges du ciel à venir à la rencontre de son âme pour la présenter au tribunal de Dieu, nous formions en notre cœur le souhait du prophète : « Puissé-je mourir de la mort des justes, puisse ma mort ressembler à la leur ! »

Nous avons raconté trop au long peut-être ces détails intimes. Mais il est des exemples bons à recueillir, et s'il est dangereux de louer les vivants, il est toujours à propos de conserver le souvenir des morts qui ont bien vécu. C'est la première, c'est sans doute aussi la dernière fois que nous rencontrons une aussi longue carrière remplie sans défaillance jusqu'au dernier soupir de toutes sortes de vertus et de mérites.

(Extrait du *Mortainais* du 27 Septembre 1885).

IV.

M. l'abbé Menant était né à Marigny le 30 novembre 1808, de Jacques-Charles Menant et de Marie Legrand. Il fut baptisé le même jour, et depuis il fêtait chaque année l'anniversaire de son baptême le jour Saint-André. Il s'y préparait par la confession et passait cette journée en action de grâces, quelque part qu'il fût. Le 30 novembre dernier, il était aux quarante-heures de Villechien. Nous ne fûmes pas médiocrement édifiés de le voir remplir fidèlement ce devoir de reconnaissance envers Dieu.

M. Menant fut ordonné prêtre, avec dispense d'âge, le 16 décembre 1832. Nommé, même avant son ordination, professeur de théologie, il séjourna dix ans en cette qualité au Grand-Séminaire de Coutances. Il parlait souvent et avec la plus grande vénération, de M. Dupré et de M. Mauger, supérieurs de cet établissement, qui avaient dirigé son éducation cléricale et auxquels il avait voué un grand attachement.

Le petit-séminaire de l'Abbaye-Blanche le reçut comme supérieur après le départ de M. l'abbé Caillemer, devenu curé de Saint-Saturnin. L'Abbaye-Blanche n'avait alors ni les locaux magnifiques, ni les ressources de tout genre dont elle jouit à présent. L'on ne pouvait pas songer à une reconstruction qui s'imposa plus tard et qui s'accomplit sous le règne épiscopal de Monseigneur Daniel.

M. Menant fit des efforts inouïs pour disputer à la destruction et maintenir habitables les bâtiments claustraux de la vieille Abbaye. Il rendit surtout un grand service à l'art en consolidant et restaurant l'église monumentale du monastère. Une inscription, placée à son insu, rappelait ses travaux. Par humilité, il demanda qu'elle fût effacée. Peut-être a-t-on trop facilement obtempéré à son désir.

Les anciens professeurs et les anciens élèves de M. Menant ont toujours parlé avec admiration de son influence au Petit-Séminaire. Ils célébraient à l'envi la science dont il faisait preuve, l'autorité dont il jouissait sans efforts sur les maîtres et les élèves, le bon esprit qu'il sut maintenir dans cette maison. Il fut eertainemeut un des artisans les plus actifs de la prospérité dont elle a toujours joui depuis lors.

V.

L'on avait songé à mettre M. Menant à la tête d'une paroisse et d'un doyenné, même avant de l'envoyer au séminaire de Mortain. Etant professeur au grand-séminaire, il passait ses trois mois de vacances auprès de sa mère et exerçait le saint ministère pour venir en aide au vénérable curé qui lui avait donné les premières notions de latinité. Ce saint prêtre étant mort, il fut sérieusement question de donner à M. Menant la cure de Marigny.

Ce fut le 27 août 1851 qu'il devint doyen de Pontorson. Nommé 17 ans plus tard archiprêtre de Mortain, il fut installé le 1er novembre 1869.

Ces fonctions nouvelles, outre le soin de sa paroisse, lui donnaient une autorité sur ses confrères du canton. On ne saurait dire à quel point il maintenait l'union entre les prêtres qu'il gouvernait. Ils traitaient avec lui comme avec un père.

M. Menant attachait aux conférences ecclésiastiques la plus grande importance. Il faisait tout pour développer, par ce moyen, la science de la théologie. L'Archiprêtre laissait aux membres de la réunion une grande latitude de discussion. Il dirigeait les débats d'une manière discrète et aimable. A la fin, il résumait la question avec la lucidité d'un homme qui voit de haut et possède à fond les matières les plus ardues.

VI.

LES NOCES D'OR.

La fête des noces d'or de M. Menant, au mois de juillet 1883, fut merveilleuse. Le récit en fut publié. Nous avons le regret de ne pouvoir le reproduire en entier. Nous en extrayons seulement ce qui suit.

Après l'Evangile, Monseigneur monte en chaire et le digne Archiprêtre s'avance à l'entrée du chœur pour lui rendre compte de son administration. Dans un discours vraiment théologique et rempli des sentiments les plus humbles et les plus pieux, il donne à cette solennité son cachet austère et édifiant. « Il remercie l'auteur de tout bien des grâces sans nombre qu'il a reçues dans sa vie. Grâces du baptême, grâces d'une éducation pieuse dans une famille chrétienne, surtout par les soins d'une mère vénérée ; grâces d'une protection spéciale dans les divers degrés de l'éducation ; grâces du sacerdoce ; grâces enfin de ce long ministère, qui l'a forcé, tout en s'occupant de lui-même, de travailler au salut des autres. Du côté de Dieu, il n'y a que des sujets de reconnaissance. Mais il ne doit pas l'oublier, une aussi longue carrière doit lui faire entendre que la fin approche. Or Dieu est-il suffisamment content de ses efforts, n'y a-t-il pas à craindre que, alors que les hommes louent le ministre du Seigneur, Dieu ne le condamne pour de coupables négligences ? Il prie donc le Seigneur Evêque, le clergé et les fidèles, de s'unir à lui pour rendre grâces des bienfaits reçus et obtenir le pardon des fautes commises. Seulement il ne perd pas espoir. Cette fête, en rajeunissant son alliance avec l'Eglise, lui sera un excitant à un dévouement plus absolu et plus complet. Il saura, avec l'aide de Dieu, se dépenser plus complètement jusqu'à la mort, au bien spirituel d'un troupeau qui lui montre tant de déférence et d'attachement. »

C'était pour Mgr le moment d'élever la voix. Notre vénéré prélat, en toute occasion dans l'assemblée de ses frères, porte haut par l'éclat de son éloquence la majesté de son siège épiscopal. Il y a quelques jours, à Rouen et à Nantes, il provoquait l'unanime admiration. Ici il n'a pas trompé l'attente universelle : il nous a donné un reflet et une prolongation de ces grandes fêtes. Pendant près d'une heure, soutenu par l'attention de l'auditoire, il a exposé dans une large thèse les aperçus les plus lumineux sur le rôle du prêtre au sein de la société. Et faisant les plus heureuses applications des principes généraux, il a montré comment le héros de la fête avait été pendant son professorat au Grand-Séminaire, puis à l'Abbaye-Blanche, à Pontorson et à Mortain, le champion intrépide de la vérité, l'homme de la sainteté, de la science, de la paix et de la charité sous toutes ses formes.

Souvent, comme Monseigneur l'a fait remarquer, une semblable fête ne laisse pas d'avoir un côté plus ou moins défavorable. Le prêtre qui porte sur ses épaules cinquante ans d'un ministère laborieux, se sent d'ordinaire fléchir. Mais de notre Archiprêtre, mieux encore que du cardinal de Rouen, l'on peut dire qu'il ne se plaint d'aucune infirmité : *non dentes, non oculos, non stomachum, aut cœtera, membra dolebat ;* mais il garde l'apparence et la réalité de la santé la plus vigoureuse et la plus prospère, *sed vultus ejus ut rosa rubebat.*

Si, d'ailleurs, comme tout l'annonce, il continue de suivre les traces de sa vénérable mère, que nous avons vue mourir naguère dans sa centième année, son peuple jouira longtemps encore du bonheur inappréciable de le posséder.

Il faut conclure ce récit, mais nous ne pouvons le finir sans faire remarquer que le peuple chrétien reconnaît dans les prêtres ses plus fidèles et ses plus véritables amis.

Cette fête n'avait rien d'officiel, rien de commandé. C'est un hommage à la vertu d'un prêtre éminemment mais uniquement prêtre. Certes, ce n'est pas par des capitulations avec la conscience que notre pasteur a conquis une aussi grande popularité. Nul plus que lui n'est exact et au besoin sévère. Bon et affable pour les incroyants, il ne manque aucune occasion de les exhorter et de les reprendre. Il applique aux croyants toutes les austérités du devoir évangélique. Il ne prêche pas un christianisme amoindri ; ferme dans les principes, il en tire et en applique les conséquences. Sa vie est régulière, précise, limpide comme une page de St Thomas-d'Aquin. Avec cela, il trouve le moyen de n'avoir pas d'ennemis. C'est que la théologie, comme la piété, sert à tout. Plus l'une et l'autre sont profondes, plus elles évitent les heurts et les chocs, sans sacrifier jamais les droits de la vérité.

VII.

BÉNÉDICTION DE L'ÉCOLE LIBRE DES FRÈRES DE MORTAIN.

Depuis plus de cinquante ans, notre ville jouissait du bienfait d'une école de Frères de la Doctrine chrétienne, grâce aux largesses de M. Lebel, curé de Mortain, et de M. Davy, son vicaire. Avant l'arrivée des Frères, une maison avait été acquise avec les arrérages de la fondation, pour leur servir de logement et de classes. Or voici qu'au commencement de 1884, le conseil municipal, cédant aux instances de l'autorité scolaire, s'empara de cette maison pour y établir une école laïque.

Grand fut au premier abord l'embarras de notre digne Archiprêtre, lorsque cette décision lui fut notifiée. Les titres de la fondation portaient qu'au cas où les frères cesseraient leur école, le curé de Mortain pourrait appliquer leurs rentes à telle œuvre de piété qu'il le jugerait convenable. Mais dans le cas présent, les Frères ne se retiraient pas de leur propre volonté : la ville les renvoyait. Elle rompait le pacte et ne pouvait dès-lors bénéficier de leur dotation. D'autre part, sans maison d'école, les Frères se trouvaient réduits à l'impuissance. Nous ne sommes pas, à Mortain, sous le beau ciel de la Grèce, où les maîtres de la jeunesse pouvaient enseigner en plein air, à l'ombre des grands arbres. Dès-lors, est-ce que les héritiers des fondateurs de l'école, en présence de l'inexécution du contrat, n'avaient pas le droit de réclamer la dotation des Frères ?

Notre Archiprêtre fit ce que font les serviteurs de Dieu dans l'affliction: il pria, il réfléchit mûrement. Pour rien au monde, à moins d'impossibilité absolue, il n'eût laissé détruire l'œuvre de ses prédécesseurs. Il trouva un moyen de tout arranger. Il manquait aux instituteurs chrétiens une maison d'école; il la bâtirait. Il confia ses projets à quelques hommes d'action qui comprirent sa pensée. Il donna du sien et ses amis mirent généreusement à son service, leurs conseils, leur activité, leur bourse. Le plan de la nouvelle école fut tracé par un habile architecte, conformément aux plus minutieuses exigenees des règlements académiques. Dieu, lui-même, parut y donner une visible bénédiction. Avec le peu d'ouvriers qui existent à Mortain, une maison importante ne s'élève pas en quelques jours. Le printemps et l'été ont été merveilleusement secs. Les maçons n'ont pas un instant chômé. La bâtisse n'a guère vu d'autre eau que celle qui fut nécessaire pour détremper le mortier. Pendant ce temps-là, les autres corps de métiers travaillaient avec une activité au-dessus de tout éloge. Aussi s'est élevée, comme par enchantement, la plus belle école, sans contredit, de tout l'arrondissement de Mortain. Aucune ne la vaut pour les vastes dimensions et les conditions hygiéniques. Placée sur la route de Ger, elle jouit d'une vue magnifique sur le Neuf bourg et d'une large échappée sur la vallée de la Sélune et les lointains horizons.

Il ne manquait plus à la nouvelle construction ni clou ni cheville, et la population mortainaise avait l'espoir fondé de voir revenir, après les vacances, les bons Frères dont le départ avait causé une si vive désolation.

Mais M. l'Archiprêtre ne regardait pas son œuvre comme terminée tant qu'il n'avait pas publiquement remercié Dieu du succès obtenu, et appelé sur l'avenir la bénédiction d'en Haut. C'est un pieux usage parmi les chrétiens, de faire bénir par les ministres de l'Eglise, les maisons nouvellement bâties. Sans cela ils craindraient pour la nouvelle demeure les infestations du malin esprit. Ils ne se croiraient en sûreté pour le corps ni pour l'âme, dans une habitation qui n'aurait pas été sanctifiée par les prières de l'Eglise.

Notre pieux Archiprêtre n'avait garde d'oublier ce point important. Il voulait une bénédiction solennelle. Monseigneur devait venir au Séminaire pour la retraite ecclésiastique. M. le Curé prin Sa Grandeur d'avancer d'un jour son voyage à Mortain et d'accomplir cette fonction liturgique. Monseigneur accueillit ce légitime désir avec sa bonne grâce habituelle, ce qui nous valut dimanche une fête magnifique.

Monseigneur assista à la grand'messe. La bénédiction se fit après les vêpres. Mais auparavant, le Prélat voulut expliquer au peuple mortainais les raisons qui l'avaient porté à condescendre aux désirs du digne Archiprêtre. Dans une chaleureuse allocution, dont nous ne pouvons, malheureusement, donner qu'une pâle et rapide analyse, il exposa la sollicitude constante de l'Eglise pour l'instruction religieuse de l'enfance.

« L'Eglise a reçu de son Chef la mission et le devoir d'instruire. Elle a contemplé Jésus donnant aux enfants de la Judée, avec ses bénédictions divines, les enseignements que comportait leur âge. Les apôtres, marchant sur les traces du maître, ont distribué à tous l'enseignement chrétien. Combien, pendant les persécutions, d'enfants et de jeunes gens ont versé leur sang pour la foi avec un courage surhumain ? Etait-ce dans les écoles païennes qu'ils avaient puisé cet héroïsme ? Non, c'était sous l'aile de l'Eglise. Elle a enseigné au milieu de la civilisation antique ; elle a poursuivi sa noble tâche au sein des ténèbres du Moyen-Age. Ses monastères, ses Universités ont été partout des foyers de lumière. Elle a voué à l'enseignement des corporations religieuses sans nombre. Et que font autre chose ces milliers de Frères et de Religieuses, qui dépensent leur vie à cette œuvre laborieuse dans le siècle où nous vivons ?

» Mais à quoi bon chercher ailleurs des témoignages du zèle de l'Eglise ? Ne sommes-nous pas sur ce territoire de Mortain, où de tout temps l'enseignement chrétien a toujours brillé du plus vif et du plus bienfaisant éclat ? Le sol du Mortainais peut, à juste titre, s'enorgueillir de la renommée de cette célèbre abbaye de Savigny, dont les filiations couvraient plusieurs provinces de la France et de l'Angleterre. Aux jours les plus déshérités, Savigny fut un centre d'études. En même temps qu'ils cultivaient la terre, les moines instruisaient la jeunesse, et c'est à cette école que se forma notamment le grand évêque de Rennes, Etienne de Fougères, l'un des hagiographes les plus célèbres du Moyen-Age. Les moines de Savigny avaient le goût des sciences. En faudrait-il d'autre preuve que les manuscrits et les livres de leur bibliothèque qui ont enrichi tant de centres littéraires ?

« Et, sans sortir d'ici, est-ce que ce splendide monument où nous sommes réunis ne rappelle pas éloquemment le zèle de l'Eglise pour la science ? Que faisaient donc les seize chanoines de cette église, avec leurs vicaires et les prêtres attachés à la collégiale ? Ils priaient et récitaient chaque jour publiquement l'office divin. Mais aussi, mais surtout ils enseignaient. Ainsi le voulait leur charte de fondation. Pendant sept cents ans, ils ont dirigé eux-mêmes un florissant collège ; ils ont, à l'aide de maîtres de leur choix, répandu à flots dans tout le comté de Mortain, l'instruction populaire. La grande Révolution seule a pu les troubler dans leur œuvre et les disperser. Les comtes de Mortain les avaient comblés de privilèges et tenaient à honneur d'entretenir avec eux les relations de la plus bienveillante amitié. (*)

» Et comme pour continuer les traditions de la collégiale, que ne fait pas présentement encore le diocèse pour soutenir cette savante Abbaye-Blanche, ce foyer de lumière que nous envient les diocèses voisins ?

» La noble cité de Mortain, jadis et présentement encore si privilégiée, est-elle en voie de rompre avec l'enseignement chrétien ? Non. Un orage a passé, renversant une école. Les vrais chrétiens s'en sont émus. Le clergé s'est mis à la tâche avec une

(*) Le doyen du chapitre, le grand chantre et le *magister scholarum*, c'est-à-dire celui qui avait la haute direction des études, avaient le droit de manger à la table du comte de Mortain, tant qu'il résidait en son château.

(Extrait du *Mortainais* du 23 oût 1884).

louable générosité. Elles ont fait aussi leur devoir, ces femmes chrétiennes que l'on a vues six mois durant, accueillir dans leur demeure l'enfant du pauvre, balbutier avec lui le catéchisme et les éléments de la science humaine, aller même au besoin lui porter à domicile le bienfait inestimable de l'éducation religieuse.

« Ah ! ils n'ont pas non plus dégénéré, les hommes de bien qui ont bâti l'école monumentale que nous allons bénir. C'est bien la religion qui leur a inspiré ce zèle couronné d'un si magnifique succès. Le Dieu Tout-Puissant leur a fait la grâce et fourni les moyens de faire abonder autour d'eux toute sorte de bonnes œuvres Sans nuire à leurs autres pieuses entreprises, ils ont pris à cœur de donner aux enfants du peuple un enseignement tout imprégné de l'idée de Dieu. La voix de l'Evêque devait remercier tous ceux qui ont, par leurs bons offices, contribué à maintenir la foi et la vie chrétienne dans cette portion chérie de son troupeau.

« L'Evêque bénit leurs personnes ; il va aussi bénir leur œuvre. Cette nouvelle maison d'école sera comme un sanctuaire. Elle abritera ce livre que l'on rejette avec tant de dédain, ce livre qui est l'abrégé de l'enseignement de J.-C., le catéchisme. Ah ! certes, l'Eglise l'a prouvé, elle le prouve tous les jours, elle ne fait pas fi de la science humaine. Mais elle veut la rendre chrétienne, la diriger vers Dieu. En faisant cela, elle fait la plus utile, la plus patriotique des œuvres.

« Qui donc maintiendra dans un pays l'unité qui fait converger les idées des citoyens vers un même centre ? Qui donc leur apprendra à se porter les uns aux autres appui et protection, sans arrière-pensée et dans un but pleinement désintéressé ? Qui donc cimentera l'union entre les diverses classes de la société ? — La science religieuse. Autrement, il y aura dans le pays des rivalités sans fin, des divisions à outrance qui se traduiront par des violences brutales et des haines inextinguibles.

» La science humaine peut-elle prétendre seule maintenir au foyer domestique l'affection, le respect mutuel, le dévouement nécessaire ? Elle peut l'essayer encore, mais elle a fait déjà ses preuves. L'on sait trop ce que deviennent les familles privées de l'idée de Dieu. Il n'y a là ni l'honneur, ni la pureté des mœurs, ni la concorde ; c'est un enfer anticipé.

» Quant à l'homme isolé, sa vie sera toute terrestre. Il perdra dans des jouissances égoïstes, jusqu'au sentiment de sa dignité d'homme. Certes la barbarie renaîtra dans un pays, le jour où l'enseignement du catéchisme aura complètement disparu.

» Ils ont donc fait une œuvre de vrais catholiques et de vrais citoyens, tous ceux qui ont concouru à l'édification de l'école libre, et l'Evêque ne peut qu'appeler sur eux les bénédictions du Ciel. »

Après le discours de Monseigneur, l'assistance se rend à la nouvelle école. La liturgie veut, pour cette cérémonie, une solennelle démonstration. Le clergé, les enfants et le peuple chrétien doivent aller processionnellement de l'église à la nouvelle maison en chantant des litanies. Arrivé là, l'Evêque récite de magnifiques oraisons. Il asperge au dehors et au dedans les murs avec l'eau sainte. Puis il append aux murs des classes un crucifix, afin que l'image du Rédempteur réveille l'idée religieuse dans l'âme des maîtres et des écoliers.

Outre les fidèles nombreux venus de l'église, beaucoup d'autres étaient accourus pour jouir de cet édifiant spectacle. La population presqu'entière se trouvait là réunie. Le temps, d'ailleurs, paraissait fait exprès pour la circonstance.

Après l'accomplissement des rites sacrés, la procession reprit sa marche et traversa la ville tout entière. Un salut d'actions de grâces à l'église termina cette admirable cérémonie.

P. L. C.

VIII.

PREMIÈRE DISTRIBUTION A L'ÉCOLE LIBRE DES FRÈRES DE MORTAIN.

Nous avons fait allusion, dans la *Revue*, à la fête exceptionnellement brillante qui réunissait l'élite de la population de Mortain et des environs, à l'école des Frères, pour assister à la première distribution des prix. Nous voudrions pouvoir insérer dans nos colonnes l'éloquent et consolant compte-rendu que donne le *Mortainais*, non-seulement de cette cérémonie, mais des grandes œuvres catholiques établies dans cette ville depuis cinquante ans et qui ont rendu son nom illustre et populaire bien au-delà des limites du diocèse. L'importance qui s'attache à la question des écoles libres et qui la recommande à l'attention de tous les catholiques, nous fait un devoir de donner au moins ce qui concerne spécialement la nouvelle maison des Frères.

Vers cinq heures, MM. les Membres de la Société civile qui a bâti le nouvel établissement, se portaient à la rencontre de Monseigneur et bientôt le vénéré Prélat y faisait son entrée aux acclamations des enfants qu'il allait couronner et du public choisi qui se pressait dans les classes transformées pour la circonstance en une grande et magnifique salle. L'on s'en souvient, il n'y a pas encore un an que Monseigneur bénissait la nouvelle construction et plaçait dans l'école les emblèmes religieux. Les bénédictions de l'Eglise portent toujours des fruits : chacun en trouvait la preuve palpable dans la splendide réunion de dimanche.

M. l'Archiprêtre de Mortain ouvrit la séance par un lumineux discours où il retraçait les origines et les succès de cette nouvelle école chrétienne. Visiblement, il y avait mis toute son âme. La netteté des principes, la vigueur des conclusions, l'accent de chaleureuse conviction qui régnait d'un bout à l'autre, faisaient de ce discours un vrai chef-d'œuvre de clarté et de logique. Difficilement, nous en donnerions une idée.

M. l'Archiprêtre exposa les raisons de cette fondation nouvelle. « Une loi récente qui règle les conditions de l'enseignement primaire en France, a enlevé aux écoles communales tout caractère religieux. Les pasteurs légitimes n'y peuvent mettre le pied. Le catéchisme en est proscrit comme un mauvais livre ; le nom de Dieu n'y doit pas être prononcé ; aucune prière n'y sera désormais murmurée. Ainsi le prescrit la loi, sous le prétexte de neutralité religieuse dans les écoles communales. Et si parfois un maître chrétien veut venir en aide aux familles ou aux pasteurs pour l'enseignement de la religion, il ne lui sera en aucune manière permis de le tenter dans le local scolaire, même en dehors des classes. De par la loi, l'école primaire est donc nécessairement athée, c'est-à-dire sans Dieu.

En présence de cette loi, les Frères, dont la raison d'être est l'enseignement religieux, durent sortir de l'école communale de Mortain et l'avenir religieux de la paroisse fut grandement compromis. Que firent alors les catholiques ? Des hommes généreux s'armèrent de courage. Ils formèrent entre eux une société pour parer au besoin nouveau qui sollicitait leur zèle. Avec une promptitude inouïe dans notre ville, ils édifièrent, en quelques mois, cette école magnifique, sans contredit la plus belle de l'arrondissement, qui se dresse fièrement sur le flanc de la montagne, à deux pas de l'église et du centre de la ville.

Les Frères expulsés purent revenir à leur poste de dévouement. Les enfants se présentèrent en grand nombre, et, sous l'habile impulsion de maîtres expérimentés, firent les plus réels progrès. M. l'Archiprêtre en fournit la preuve. Quelques semaines, en effet, avant la conclusion de l'année scolaire, le passage du Frère visiteur fournit aux membres de la Société civile l'occasion d'organiser un examen qui leur permit de se rendre compte de la valeur de l'enseignement dans leur école. Devant une dizaine d'examinateurs, plusieurs enfants comparurent. Ils répondirent sur toutes les matières de l'enseignement avec une telle précision que ces messieurs jugèrent à propos de constater leur science par des certificats qui furent remis aux enfants le jour de la distribution.

Monseigneur, en présence de pareils résultats, ne pouvait manquer d'applaudir par sa parole à tout ce qu'il entendait. Il avait porté le plus vif intérêt à la nouvelle fondation; il rend grâces à l'auteur de tout bien des succès obtenus. « A qui, humainement parlant, dit le Prélat dont nous résumons le discours, doit-on la réussite d'une entreprise qui offrait des difficultés en apparence insurmontables? On la doit aux catholiques de Mortain. Un certain nombre d'hommes courageux alarmés du péril que court la société, privée du bienfait de l'enseignement religieux, ont réuni leurs efforts. Ils n'ont épargné ni les soins, ni les sacrifices, et ainsi ils se sont acquis des droits impérissables à la reconnaissance de la population mortainaise et de l'Eglise catholique. Reconnaissance donc à la Société civile de l'école chrétienne !

Reconnaissance aussi aux dames de Mortain ! La France entière a, par la voie de la presse, applaudi à leur zèle digne des premiers âges du Christianisme. Qui donc, si ce n'est leur courage, a pu, pendant près d'une année, maintenir les cadres de l'école, alors que les Frères avaient dû quitter leur poste ? Les dames chrétiennes se sont fait maîtresses d'école : avec la science elles ont donné l'éducation aux enfants que les familles chrétiennes avaient bien voulu leur confier en attendant le retour des Frères. Aussi, quand ces maîtres vénérés ont reparu, leur classe s'est-elle trouvée remplie d'enfants intelligents et bien élevés.

Reconnaissance pareillement aux bons Frères de la Doctrine Chrétienne ! Ils ont aussi bien mérité de l'Eglise et du pays. En d'autres temps leurs services furent mieux appréciés. A la suite de nos derniers désastres, la presse entière reconnaissait qu'ils avaient porté sur le champ de bataille le même zèle que dans leurs écoles, pour se rendre utiles à la France. A l'Evêque de témoigner hautement qu'ils n'ont pas démérité ; qu'au contraire, ils continuent, dans un labeur obscur, de rendre d'incomparables services au pays. A eux donc, en cette journée, de solennels remercîments........

L'auditoire ratifiait, par des marques de l'assentiment le plus prononcé, les paroles du Prélat.

Extrait de la *Revue Catholique* du 3 septembre 1885.

IX.

Ceux qui étaient admis dans l'intimité de M. Menant s'attachaient vivement à lui. Jamais un vicaire, chez lui, n'a désiré un autre poste. Il en est même qui ont prolongé leur stage pour jouir le plus longtemps possible de sa société. Cette année même, à l'une des dernières conférences qu'il ait présidées, étant appelé à traiter devant ses confrères la question des rapports entre les curés et les vicaires au point de vue de l'union fraternelle, un de ses anciens vicaires saisit avec empressement cette occasion de payer sa dette de reconnaissance envers le digne archiprêtre. Il s'applaudit maintenant de l'avoir fait.

« Le vicaire, disait-il en concluant son travail, est l'hôte du curé ; ainsi du moins en est-il parmi nous. Le vicaire qui veut être heureux dans le presbytère, doit donc se pénétrer des lois de l'hospitalité.

L'hospitalité, Messieurs, quelle magnifique occasion de pratiquer la charité chrétienne, et pour celui qui la donne et pour celui qui la reçoit Comme elle établit entre les hommes de doux liens de reconnaissance et d'affection ! Voilà un homme qui vous est étranger ; il n'y avait eu jusque-là entre vous et lui, aucune relation sociale. Il entre dans votre maison ; vous l'accueillez. L'intimité s'établit vite entre vous et lui. Vous lui donnez dans votre famille le rang que son âge lui assigne. Si c'est un vieillard, vous l'honorez comme un père ; s'il est de votre âge, vous le traitez comme votre frère ; plus jeune que vous, il deviendra votre fils. D'un hôte d'un jour, vous gardez le souvenir que l'on garde d'un pèlerin qui passait. Mais si l'hospitalité se prolonge, il s'établira entre vous et lui des liens d'amitié pour toute la vie.

Mais quand l'hospitalité s'adresse à un jeune prêtre, elle revêt une grâce plus pénétrante, un charme tout évangélique. Mais aussi, comme elle provoque dans l'âme de ce jeune vicaire une reconnaissance éternelle envers le prêtre vénérable qui a daigné partager avec lui son toit, sa table, ses affections !

Qui n'a connu, Messieurs, de ces intérieurs de presbytères charmants où l'hospitalité pour les vicaires s'exerçait avec tous ses attraits ? Et comme on est à l'aise ici pour en parler ! Les murs même de cette maison ne sont-ils pas tout imprégnés de ces doux souvenirs ? Il y avait là tous les éléments d'une famille. Un vénérable curé était le père ; ni la mère, ni la sœur n'y faisaient défaut. Les vicaires étaient les jeunes frères ou pour mieux dire les enfants de la maison. On trouvait là cet échange des sentiments de respect et de tendre affection qui règnent dans la famille la mieux ordonnée. Un presbytère ainsi constitué rappelle le foyer paternel.

« Traités comme les membres de la famille, les vicaires se plaisent dans la maison curiale. Ils ne rêvent pas d'autres relations : leur joie est d'y passer leurs journées. Et lorsque les devoirs du ministère ou les bienséances sociales les appellent au dehors, ils ont hâte de revenir sous le toit hospitalier du presbytère.

« Oui, chers jeunes confrères, comme on est heureux quand on a recueilli de pareils principes à l'origine de sa vie sacerdotale ; quand on a, dans la mesure de ses forces essayé d'y conformer sa conduite ; quand on a joui du bienfait de pareilles relations !

« L'on a dit en proverbe : si vieillesse pouvait ; si jeunesse savait ! A mon âge, il n'est plus possible de revenir en arrière et de recommencer sa vie. Mais je puis vous le dire, ce sont ces principes et ces circonstances qui ont rendu ma carrière vicariale heureuse. Et si je pouvais revenir en arrière, j'y serais plus fidèle et saurais encore mieux profiter de tels avantages. Mais vous, vous êtes jeunes. Croyez-moi, suivez cette ligne de conduite. Soyez pour vos curés des auxiliaires respectueux et dévoués, des hôtes reconnaissants et jouissez longtemps du bonheur d'être vicaires. »

X.

M. Menant avait l'âme très-haute et les sentiments très-élevés. On ne l'a jamais vu s'embarrasser dans une discussion relative aux intérêts temporels ou se préoccuper du bien être. Mais en revanche, il avait une grande sensibilité pour tout ce qui touchait aux intérêts de la religion. La situation du Pape et de l'Eglise, de la France, l'intérêt des âmes l'occupaient continuellement. L'atteinte portée à la liberté de conscience des catholiques par les nouvelles lois scolaires lui fut bien pénible. La laïcisation de l'école des Frères le terrifia.

Quand il vit nos édiles, séduits par des promesses qui ne se sont guère réalisées, aller au-devant des exigences de la loi, afin de profiter, pensaient-ils, des subventions de l'Etat, il fut saisi d'un chagrin immense qu'il concentra au fond de son âme et dont nous crûmes un instant qu'il mourrait. Il fallut, pour le consoler, les merveilles de dévouement qu'il rencontra et le rapide établissement de l'Ecole libre.

Toutefois, en déplorant le trouble que l'expulsion des Frères occasionnait dans la paroisse, il ne se plaignit point. Il aimait même à rendre justice aux édiles, qui tout en cédant à une pression administrative, ont à l'unanimité fait respecter le contrat primitif de la fondation des Frères. Grâce à leur bon vouloir, les rentes anciennes et le prix d'acquisition de la première maison des Frères, ont été remis loyalement et sans discussion à l'Ecole libre. Il a même été stipulé que dans le cas où cette école cesserait, ces diverses sommes seraient employées en bonnes œuvres au choix du Curé de Mortain. C'était, au reste, l'intention manifestée par les donateurs.

XI.

Les journées de l'Archiprêtre étaient fort occupées. Il se levait invariablement à cinq heures, l'été comme l'hiver. Il priait longuement et vaquait aux devoirs de son ministère. Il étudiait et lisait beaucoup et prenait des notes pour fixer son attention.

Quand il avait une affaire importante à traiter, il l'examinait sous toutes les faces et écrivait avec soin ses conclusions. Ses rapports et les discours importants qu'il prononçait étaient des modèles de dialectique. La vérité, sous ses arguments précis et serrés, devenait éloquente.

Jamais, de son propre mouvement, il ne prenait de récréation. Mais dans ses rapports avec ses confrères ou avec n'importe quelle personne, il était toujours affable et d'une humeur extrêmement agréable, enjouée même, avec une pointe de fine malice. Si occupé qu'il fût, il donnait toujours audience à tout le monde et ne paraissait jamais pressé. Nombre de gens, par indiscrétion, abusaient de sa facilité à recevoir : il les écoutait avec intérêt. Jamais il n'a congédié un visiteur importun : les plus fastidieux semblaient avoir ses préférences.

XII.

C'est dans la maladie que l'on fut à même d'admirer davantage encore la grandeur d'âme et la vertu de M. Menant. Un cancer intérieur le dévorait; le mal faisait d'affreux ravages. Il ne s'inquiéta pas pour lui-même; il s'inquiéta pour sa paroisse. Il lui répugnait de demeurer infirme et d'être à charge ou inutile à son troupeau.

Il existe à Paris une maison où des religieux consacrent leur vie au soin des malades, avec une abnégation sans pareille et un succès extraordinaire. C'est l'établissement des Frères de Saint-Jean-de-Dieu. L'on y vient de toutes les contrées du monde avec l'assurance d'y trouver les soins les plus intelligents et d'y être mis en relation avec les médecins les plus célèbres de la capitale. Il prit le parti de s'y rendre en compagnie d'un de ses anciens vicaires.

On ne saurait dire combien M. Menant se trouva heureux d'être venu chez les Frères de Saint-Jean-de-Dieu. Il garda une profonde reconnaissance des soins affectueux qu'il y reçut de la part des bons Frères et du docteur Bazy, l'éminent chirurgien qui le visitait. C'était après la Pâques dernière.

Hélas ! à Paris, l'on ne fit que confirmer le jugement des médecins de Mortain : le mal était sans remède. On parvint à l'enrayer un peu, à adoucir les souffrances ; mais il n'y avait aucun espoir de guérison. M. Menant le comprit. Il conçut alors le projet de résilier ses fonctions et de prendre sa retraite. Il avait l'idée de demander l'hospitalité à l'Abbaye-Blanche, Ne pouvant nous résigner à le voir quitter un poste où malgré ses infirmités, il pouvait encore faire tant de bien, nous essayions de l'en dissuader. « Si je savais, répondait-il, ne vivre que deux ou trois mois, mes paroissiens auraient, je n'en doute pas, la charité de me supporter et je serais content de mourir au milieu d'eux. Mais je ne veux pas qu'ils soient privés de soins à cause de moi. » Il attendit la venue de Monseigneur l'Evêque à l'époque de la retraite ecclésiastique et lui offrit sa démission. Heureusement, Monseigneur ne l'accepta point. Au contraire, il le fortifia de ses encouragements et lui ordonna de prendre du repos sans s'inquiéter.

La bienveillance de Monseigneur ranima M. Menant. Le mois d'août et les premiers jours de septembre furent aussi bons que le permettait son état. Avait-il le pressentiment d'une mort prochaine ? Aux personnes qui le visitaient, il disait : « Demandez pour moi la grâce d'une bonne mort. »

Le lundi 12 septembre, il célébra la sainte messe avec beaucoup de peine. Le mardi, il s'en abstint, plus, nous dit-il, par la crainte d'être trop occupé de ses souffrances pendant le saint-sacrifice, que par impuissance. Le mercredi après minuit, il se sentit suffoqué plus qu'à l'ordinaire: il sonna. Le médecin et le confesseur furent appelés. Les remèdes ne produisaient aucun effet. Il se confessa avec une parfaite lucidité d'esprit. Vous seriez bien aise, lui dit-on, de recevoir la sainte communion ? — Et l'extrême-onction aussi, ajouta-t-il. »

Avec la proximité de l'église, en peu d'instants il eut communié. Sa respiration alors devint plus calme et l'on pouvait espérer un répit, peut-être même une guérison, car au mois de février, il avait eu une crise semblable — « Mais, M. le Curé, vous êtes mieux ? Cela va se passer — Je ne sais, dit-il, si c'est un mieux réel ou une diminution de mes forces, mais je souffre beaucoup moins. »

Il avait demandé l'extrême-onction. Il la reçut avec une grande ferveur. On terminait les prières : il s'affaissa et parut s'endormir. Il s'endormit, en effet, du sommeil des justes !

XIII.

Mortain est une ville renommée de tout temps pour les bonnes œuvres et la bienfaisance. L'Archiprêtre était lui-même éminemment charitable; mais aussi, il avait autour de lui une pléïade de gens de bien qui entraient pleinement dans ses vues. Hélas! combien de vides se sont produits dans leurs rangs en ces dernières années! Il est à propos d'évoquer ici, à côté du nom de M. Menant, des noms comme ceux de: l'abbé Julien, de M. Thébault, de M. Henri Moulin, de l'amiral baron Méquet, du colonel de Vaufleury, de Mme de la Morandière, Mme de Montbrun, Mme Bonnet, Mme Delaporte, Mme de Larturière, Mme Debraize, Mme Félix Moulin, Mme de la Chesnaie, Mlle Fanny Bernard, pour ne citer qu'une partie des personnes récemment disparues qui, avec des ressources différentes mais avec une égale générosité, contribuaient à toutes les bonnes œuvres de la paroisse.

A quel chiffre évaluer les aumônes et les secours de toute nature qui tombaient chaque année de tant de mains charitables? C'est le secret de Dieu. Mais nul mieux que M. Menant n'eût été à même de le dire.

XIV.

Le testament qui exprime les dernières volontés d'un homme est toujours un acte sérieux. Celui de M. Menant mérite d'être cité: il peint celui qui l'écrivait d'une main ferme et avec une remarquable présence d'esprit le 19 août dernier. On y retrouve le prêtre avec sa foi et sa bonté.

Il commence ainsi: « Au nom de la Très-Sainte « Trinité, un seul Dieu en trois personnes, le Père, « le Fils et le Saint-Esprit, en la foi de laquelle je « désire vivre et mourir, etc.

Après avoir désigné divers legs pieux, il écrit:

« Mon légataire constituera en faveur de l'hospice « de Mortain une rente perpétuelle de cinquante « francs, à charge par l'hospice de faire acquitter, « jusqu'au *pro rata* de cette rente, une messe basse « pour chaque pauvre catholique qui sera décédé « dans l'établissement. En cas d'insuffisance de la « rente, les pauvres de Mortain auraient la préfé- « rence sur les pauvres étrangers. »

Puis après avoir distribué son patrimoine à divers membres de sa famille, il ajoute : « J'ai encore d'au- « tres parents qui ne sont pas plus éloignés que « ceux qui précèdent ; avec lesquels cependant, au « moins pour la plupart, j'ai eu très peu de rap- « ports pendant ma vie et que je crois d'ailleurs au- « dessus du besoin. Vu leur grand nombre et la « modicité de ma fortune, je me vois contraint de « me borner et de ne pas faire pour eux autant que « pour les premiers. Néanmoins, je crois devoir « offrir à chacun d'eux un petit souvenir de parenté « et d'amitié, comme il suit, s'ils veulent consentir « à l'accepter, etc.

Il conclut : « Je prie Dieu qu'il me fasse misé- « ricorde et qu'il me donne une petite place dans « son saint Paradis. Amen ! Amen !

Mortain. — Imprimerie A. LEROY, Grande-Rue.

www.ingramcontent.com/pod-product-compliance
Ingram Content Group UK Ltd.
Pitfield, Milton Keynes, MK11 3LW, UK
UKHW021646260726
13994UKWH00003B/1303